Lothar Herbst

Morgen kann ich auch „Computer"

Endlich gibt es das erfolgreiche Buch „Kids & Bits"

jetzt auch für Senioren und Späteinsteiger!

Lothar Herbst

Morgen kann ich auch „Computer"

Endlich gibt es den erfolgreichen Computer- und Internetkurs
„Kids & Bits"

jetzt auch für Senioren und Späteinsteiger!

Bibliografische Information der Deutschen Nationalbibliothek:
Die Deutsche Nationalbibliothek verzeichnet diese Publikation in der Deutschen Nationalbibliografie;
detaillierte bibliografische Daten sind im Internet über http://dnb.dnb.de abrufbar.

Illustration: **Lothar Herbst**
Übersetzung: **keine**
weitere Mitwirkende: **keine/r**

Herstellung und Verlag: BoD – Books on Demand, Norderstedt

IHRE ISBN LAUTET 9783746077574

Inhaltsverzeichnis   Seite

Vorwort

Liebe Leser

 Mein Name ist Lothar Herbst, und bin 1956 in Duisburg geboren. Meine berufliche Karriere hatte ich vor langer Zeit im Jahre 1970 in München begonnen und eine Lehre als Energieanlagenelektroniker innerhalb einer großen Welt-Firma abgeschlossen.

Seit 1975 bin ich wieder Niederrheiner und arbeite seitdem in der Stahlindustrie. Im Laufe der Zeit hatte ich mich immer wieder weitergebildet und einige Programmiersprachen selbst erlernt, so auch die der Internet-Browser, auch HTML-Syntax genannt. Inzwischen gibt es noch einige andere Programmiersprachen für den Web-Browser. Java und php wären Beispielsweise eine für das Internet entwickelte Syntax.

Ich möchte ihnen hier den Einstieg in die Welt der Rechner und des Internets einmal mit einfachen und verständlicher Worten etwas näherbringen, ohne zu sehr ins Detail zu gehen.

So fing alles an

Im Jahre 1981 hatte ich meinen ersten PC, oder auch Rechner genannt, schon in meinen Besitz gehabt. Den hatten damals nur sehr wenige Leute. Das Internet gab es zu dieser Zeit noch nicht. In der Anfangszeit war ein PC im Vergleich zu heute schon sehr teuer. Vom Ehrgeiz getrieben hatte ich mich schon immer für alles Neue interessiert. Ich spezialisierte mich nunmehr auch auf die Erstellung von Webseiten, erlernte das Fotografieren. Beides zusammen ergänzten sich hervorragend, weil das veröffentlichen von Fotos so eine Sache ist, über die ich hier noch näher eingehen werde. So entstand dann auch im Jahre 2012 die Internetpräsenz *www.Dinslaken-meine-Stadt.de*   und publizierte passend dazu das Buch
„Dinslaken am Niederrhein".

Später im selben Jahr hatte ich auch zwei Kinderwebseiten entwickelt, begleitend dazu das Buch *„Kids&Bits"* im Jahre 2013 veröffentlicht, für die ich

dann aus der Hand von Landrat Dr. Ansgar Müller im Jahre 2014 den Ehrenpreis *„Kinderfreundlicher Kreis Wesel 2013"* bekam.

Rechner allgemein

Wusstet sie das schon?

Unter den Begriff Rechner fallen vor allem alle elektronischen Geräte, um es einmal ganz einfach zu beschreiben, die etwas im Verborgenen mittels elektronischer Speicher-Chips errechnen können.

Dazu gehören vor allem der iMac, PC, Laptop, Tablets, Spielekonsolen, Smartphones und eben auch Taschenrechner.

Ich möchte ihnen aber zunächst den Unterschied zwischen einen Apple-iMac und einen PC (Personal-Computer) erklären, weil sie wahrscheinlich und hauptsächlich damit ins Internet gehen werden.

Nur kurz, sie unterscheiden sich vor allem mit ihren jeweiligen Betriebssystemen, die nur jedes für sich in seinen dafür konzipierten Geräten arbeiten.

- iMac und iPhone mit dem Betriebssystem MacOS X
- PC oder Laptop mit MS Windows, aktuell die Version Windows10 oder mit Linux
- Tablet oder Smartphone mit Android

Hardware

Das ist auch wieder aus dem Englischen und wird einfach ausgesprochen („Hartwär"). Die Aussprache der in Englisch geschriebenen Worte werde ich im weiteren Verlauf dieses Buches für sie, die sie nicht der englischen Sprache Herr sind, in Klammern setzen und schreiben, wie man es ausspricht.

Unter der Hardware versteht man alle ertastbaren Gegenstände, die mit dem Computer zu tun haben. Das wären zum Beispiel alle für uns sichtbare Bauteile, wie das Computergehäuse, oder der Monitor als Bildschirmausgabe, die Computermaus und die Tastatur zum Eingeben von Schrift und Befehlen. Aber auch der Drucker und Kopierer gehören dazu, so wie auch alle für uns unsichtbaren Gegenstände, weil sie in dem Computer eingebaut sind, gehören dazu. Ein Netzteil, eine Grafikkarte oder andere Einsteckkarten wären im klassischem Sinne auch noch Hardware.

Da wären zum Beispiel noch das Medium Festplatte, in der alle Programme und Daten gespeichert werden, dem ROM- und RAM- Speicher. Da wären auch noch die optischen Lesegeräte wie CD, DVD und Blue-Ray zu nennen.

Was das ist, erkläre ich ihnen auch gleich. Diese silbernen Scheiben unterscheiden sich hauptsächlich in ihrer Speichergröße, obwohl sie rein äußerlich gleich groß sind und fast gleich aussehen.

HDD Festplatten

Die optische HDD Festplatte (**H**ard-**D**isk-**D**rive) besteht aus mehreren übereinander angeordneten rotierenden Scheiben, ähnlich aussehend gestapelter CD-Scheiben und sind verpackt in einem Festplattengehäuse. Diese Scheiben drehen sich ganz schnell um die eigene Achse. Ein Lesekopf fährt ständig zwischen diese Platten hin und her. Auf diese befinden sich die Dateninformationen, wie Dokumente, Fotos etc. Diese können beschrieben, sowie auch ausgelesen werden. HDD Festplatten sind nichtflüchtige Speicher.

Erklärung!

Flüchtiger Speicher   =   Daten gehen stromlos
verloren

Nichtflüchtig Speicher   =   Daten bleiben stromlos
erhalten

SSD-Festplatten

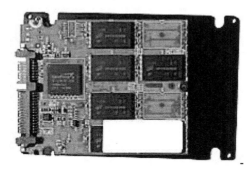

Solid-**St**ate-**D**rive, kurz auch SSD-Festplatte genannt, ist ein weiteres nichtflüchtiges elektronisches Speichermedium in der Computertechnik. Die Bauform und die elektrischen Anschlüsse können, müssen aber nicht aussehen, wie für Laufwerke mit magnetischen oder optischen Speicherplatten. So können sie auch als PCI Express-Steckkarte auf der Motherboard ausgeführt sein.

Die Bezeichnung „Drive" („Dreif"), auf Deutsch auch Laufwerk genannt, ist ein Datenspeicher. Es handelt sich nicht um ein Laufwerk im ursprünglichen Sinn, bewegliche Teile sind in SSD nicht enthalten. Auf dem Bild sehen sie eine SSD-Festplatte, die aus dem Gehäuse entfernt wurde. Es sind nichtflüchtige elektronische Bausteine, oder auch Speicher-Chips genannt.

INFO! Durch das Fehlen beweglicher Bauteile sind SSD-Festplatten gegenüber herkömmlichen HDD-Laufwerken mechanisch wesentlich robuster, haben sehr kurze Zugriffszeiten und erzeugen keine Geräusche. Im Vergleich zu mechanischen Festplatten gleicher Größenordnung sind sie aber teurer.

Geräuschlos, schnell aber teuer!

Tipp für Schrauber und Bastler: Bestücken sie ihren Rechner mit zwei verschiedene Festplatten, das Betriebssystem kommt locker mit einer 128 GB SSD-Festplatte aus und ist nicht mehr so teuer. In der Zweiten HDD-Festplatte speichern sie ihre allgemeinen Daten ab.

Der Umbau an einem Laptop ginge relativ einfach, das sollte aber bitte von einer Fachkraft ausgeführt werden. Die HDD-Datenfestplatte könnte man über den USB-Port extern bei Gebrauch anschließen. Das hätte sogar noch den Vorteil, dass bei Verlust des Laptops, z.B. Diebstahl, die Daten noch in irgendeine Schublade verbleiben würden.

Motherboard

Auf der Motherboard („Maserbord“) laufen alle Rechenoperationen ab, so zum Beispiel für die Bildschirmausgabe im Monitor, oder der USB-Buchse für externe Geräte, also alle Geräte die man von außen an den Computer anschließen kann.

Dazu gehören auch die Computermaus und die Tastatur. Im Computergehäuse sitzt auch der kleine ROM-Speicher für das Hochfahren (Booten) des Rechners, sowie die Speichererweiterungsblöcke, die gleich noch beschriebenen sogenannten RAM-Speicher. Die Ausgangsbuchse für Lautsprecher ist ebenfalls vorhanden. Außerdem sind auf der Motherboard-Karte die Netzwerkanschlüsse installiert, auch RJ45-Steckplatz genannt, um sich mit dem Internet und anderen Netzwerk-Geräten via Kabel verbinden zu können. Man spricht bei diesem Steckplatz auch von einer Ethernet („Isernet“) -Schnittstelle.

Slot

Als Slot bezeichnet man alle Einsteckplätze, auf der großen Motherboard-Karte, die im Computer angebracht sind. Da gibt es verschiedenste Kartenplätze. Die gängigsten sind der PCI-Slot und der PCIe Express-Slot. Zu unterscheiden sind sie an den unterschiedlichen Einsteckgrößen, die Farbe der Slots und an ihre Schnelligkeit, die man aber nicht sehen, sondern nur messen kann. Ein weiterer Karten-Steckplatz wäre der AGP-Port, kommt aber nicht mehr so häufig vor und wird hauptsächlich von älteren Grafikkarten benutzt.

Slots auf der Motherboard-Karte sind eigentlich sehr schnelllebig und werden in relativ kurzer Zeit immer wieder von neuen Techniken abgelöst. In Mini-PC's wird auf diese Technik gänzlich verzichtet, alle wichtigen Anschlüsse werden nach außen ausgeführt. Ausbaufähig sind diese Mini-PC's daher nicht. Um ins Internet zu gehen, reichen sie vollkommen aus. Meist sind sie recht schnell. (Optional, je nach Bestückung)

Grafikkarten

PCI, oder PCIe-Kartenplätze werden größtenteils für schnellere Grafikkarten von Gamern (Spielern) genutzt, um eine bessere Monitorauflösung zu erreichen. Meist sind sie teurer als die Motherboard-Karte.

Auf diesen Grafikkarten befindet sich eine eigene CPU (Prozessor), damit die Bildschirmausgabe auch schneller und abläuft, und somit der Rechner nicht mit den Berechnungen der Bildschirmausgabe belastet wird und somit die weiteren Abläufe nicht ins Stocken geraten.

RAM-Speicher

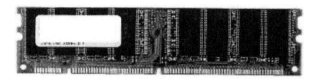

Ein RAM-Speicher ist ein flüchtiger Speicher. Schaltet man den Strom ab, oder schaltet man den Computer aus, sind alle gespeicherten Informationen in ihm wieder verloren. Hier werden während der Arbeit mit dem Rechner Daten nur zwischengespeichert, damit diese nicht auf der Festplatte abgelegt werden müssen, das wäre auch zeitaufwendiger. RAM-Speicher sind wesentlich schneller.

Speichererweiterungen für PC´s oder Laptop´s, sowie für iMac´s, sind RAM-Speicher Erweiterungsblöcke, man sagt auch manchmal „Speicher-Riegel" dazu. Server-PC´s werden mit wesentlich, größeren und kostspieligen Speicherbausteinen bestückt.

ROM-Speicher

Rom-Speicher behalten alle Informationen, somit ist dieser ein nichtflüchtiger Speicher, auch nach dem Abschalten des Computers. Es sei denn, man überschreibt ihn gewollt mit neuen Daten.

Dazu gehören unter anderem wiederbeschreibbare CD-ROM's, DVD-ROM's, Blue-Ray-ROM's (das sind optische Laufwerke). Aber auch fest eingebaute Bausteine, wie der BIOS („Beios") -ROM in Form eines Chip. Dieser ist wichtig, denn im Innern des Chip ist ein kleines Programm eingebrannt, das nur dazu dient, den Computer einzuschalten. Man sagt auch Hochfahren oder Booten („Buten") des Rechners.

Diese CD/DVD-Technik stirbt allerdings langsam aus, weil in der heutigen Zeit mehr und mehr mit USB-Sticks und externen Speichermedien gearbeitet wird. Neuere Rechner haben schon gar keine optischen Laufwerke mehr verbaut.

CPU

Weil die CPU´s durch große Rechenleistungen sehr schnell und sehr heiß werden, sitzt das eigentliche Herz des Computers unter einen Lüfter. Man nennt die CPU auch „Prozessor".

Die CPU ist für die Rechenleistung verantwortlich und das kostet leider seinen Preis. Es gilt, je schneller und Leistungsfähiger sie ist, desto teurer. Große Konkurrenz bieten sich ständig die Firmen AMD und Intel und sind nicht untereinander kompatibel. AMD-CPU´s sind meist die kostengünstigere Variante, aber in der Regel auch die leistungsschwächeren Prozessoren.

Nicht alle CPU´s passen in das gleiche Motherboard hinein. Beim Kauf muss man schon darauf achten, welches Board für welche CPU geeignet ist.

USB-Port

Der USB-Port ist eine Schnittstelle (Anschlussverbindung) zu externen Geräten. Sie wird auch serielle Schnittstelle genannt, und dient zur Kommunikation aller außerhalb des Computers stehender Computergeräte. Dazu zählen beispielsweise:

- Drucker
- Tastatur
- Computermaus
- externer DVD-Brenner
- externe Festplatte
- USB-Stick
- Umsetzer USB zu Ethernet als weiterer Netzwerkerweiterungs-Port

Netzwerk-Gateway

Netzwerk-Gateway: („Geetwey") In der Computerwelt bedeutet es „Übergang" und ist eine Schnittstelle zwischen zwei Geräten. Mit einem Gateway werden auch Computer bezeichnet, die eine Verbindung zweier Netzwerke miteinander ermöglichen. Das kann ein eigenständiges Firmen-INTRANET zur Steuerung von Maschinen, in Verbindung mit dem externen weltweiten INTERNET sein. Man sagt auch „www" für worldwide web, übersetzt für weltweites Internet. Die komplette Befehlszeile könnte etwa so heißen: http://www.Domain.de. Für „Domain" käme dann der jeweilige Firmenname hinein. „de" steht für Deutschland. Internationale Firmen haben meist die Endung .COM

Dabei kann das Firmennetz beispielsweise mit einem LINUX- oder UNIX-Betriebssystem gesteuert sein und extern mit dem zweiten Netzwerk, z.B. einen mit dem Internet verbundenen windowsbasierten Computer vernetzt sein. Das Produktionsnetz sollte immer vom Internet getrennt sein. Dazwischen arbeitet noch eine Firewall (Feuerwand). Das macht man, um vor Angriffen vor Computer-Hackern geschützt zu sein. Leider werden die meisten Computervirenangriffe über das Betriebssystem Microsoft Windows eingeschleust. Das ist so, weil dieses Betriebssystem auf den meisten Rechnern installiert ist.

Microsoft, Windows

Microsoft: So heißt die Firma, die als Erste ein text-basiertes Betriebssystem namens MS-DOS (MicroSoft Disketten Operations-System) für Rechner einführte, so um das Jahr 1981 herum. Alle Steuerbefehle muss-ten damals von Hand eingetippt werden, eine Compu-termaus gab es noch nicht.

Der Überlieferung nach hatte alles in einer Garage in den USA angefangen. Einer der drei Gründer von Microsoft ist Bill Gates. Bestimmt haben sie schon einmal etwa von ihm gehört, er ist momentan näm-lich der zweitreichste Mann der Welt.

Windows von der Firma Microsoft, sowie MacOS von der Firma Apple gab es zu MS-DOS (IBM) Anfangszei-ten noch lange nicht, die konnte man erst ca. 10 Jahre später als Betriebssysteme erwerben. Damit konnten man nicht nur Texte eintippen und verwalten, es wurde plötzlich alles bunter, feiner aufgelöst und in Bildschirm-Fenstern mit der Computermaus gesteu-ert. Das war ein großer Sprung in der Computertech-nik. Später konnte man sogar mit dem Finger auf dem Bildschirm fahren um Befehle auszuführen, wie auch auf Tablets und dem Smartphone.

Apple, MacOS

Apple: so heißt die Firma, die heute gar nicht mehr aus der Rechner- und Smartphone-Welt wegzudenken ist.

iMAC, iPhones, iPod, iPad und mehr führen momentan den Markt an. Die Mac-Familie hat sozusagen schon KULT-Status.

Einer der zwei Gründer von Apple hieß Steve Jobs, er ist leider schon viel zu früh verstorben. Steve Jobs war der eigentliche Erfinder und Motor der fenstertechnischen Monitordarstellung, noch vor Microsoft´s Mitbegründer Bill Gates. Man sagt sogar, Gates hätte es von Jobs listig abgekupfert, indem er im Auftrag von Steve Jobs, eine Software entwickeln sollte, die er dann selber für seine Zwecke nutzte, aber das nur am Rande erwähnt.

Aktuelle Version: MacOS 10.13.3 (23. Januar 2018)
Basissystem-Name: Darwin

Ein iMAC ist leider nicht mit einem Windows-PC kompatibel. Ein Betriebssystem MacOS-X lässt sich auf keinen herkömmlichen PC oder Laptop installieren!

Software

Wie schon unter Hardware beschrieben, gibt es zunächst ein kleines Programm in einem ROM-Speicherbaustein auf der Motherboard-Karte (es ist also ein nichtflüchtiger Speicher), um den Computer nach dem Einschalten erst einmal in Startposition zu bringen. Das kleine Programm in diesem ROM-Baustein nennt sich BIOS („Beios"). Dieses BIOS kann man mit einem SETUP voreinstellen. Nach dem Hochfahren (dem Booten) startet das Betriebssystem erst dann erwartet der Computer dann unsere Eingaben.

Damit Computersysteme arbeiten können, müssen sie mit den notwendigen Programmen, der sogenannten „Software" bestückt werden. Die Software muss zunächst vom Anwender, auch USER genannt, eingeladen werden. Je nach Bedarf sind es meist Schreibprogramme, Fotobearbeitung oder Browser für das Internet.

Betriebssysteme

Wenn man den Computer einschaltet, wird wie zuvor bereits beschrieben, zuallererst ein Urladeprogramm gestartet, das sogenannte BIOS. Es werden die Hardwaregeräte im Rechner erkannt und erst jetzt startet das eigentliche Betriebssystem. Hier unterscheidet man zwischen 32 Bit, oder 64 Bit-Systemen. Neuere Geräte werden meist nur noch mit 64 Bit-Systemen ausgeliefert.

Ein 64 Bit-System läuft viel schneller als ein 32 Bit-System. Zu einer 64 Bit-basierten Hardware gehört natürlich auch die passende 64 Bit-Software.

Eine 32 Bit-Software läuft nur bedingt auf ein 64 Bit-System. 64 Bit-Software läuft aber nicht auf einen 32 Bit-System.

Allgemein bekannte Betriebssysteme sind:

Windows 7, 8, 10, Apple MacOS, Linux, Unix u. andere. Sie alle sind Befehlsgeber, oder auch Interpreter genannt, und geben den Computer eine grafische, oder textbasierte Bedienoberfläche.

Programmiersprachen

C++, php, html, Java und Weitere. Sie alle setzen eine lesbare „SYNTAX" (Computersprache) in einen Maschinen-Code um. Dieser Code besteht aus unzähligen mathematischen Einsen und Nullen, die aber unlesbar für den Programmierer wäre. „11100010" ist ein Beispiel-Word (Byte = 8 Bit). 1 steht für ja oder auch in englischer Sprache für „true", 0 steht für nein oder „false". Die Computersprache wird im Allgemeinen in englischer Sprache geführt.

Diese „Einsen und Nullen" nennt man auch Bits und Byte. 8 Bit sind ein Byte. Sie steuern den Rechner mit eigenen Programmierbefehlen. Viele Menschen sind damit beschäftigt, das passende Programm zu entwickeln, damit wir USER, auch Anwender oder Bediener genannt, den Computer eben bedienen können.

Dazu gehören z.B. Spiele, Schreibprogramme, Zeichen- und Mailprogramme, Programme zum Abspielen von Musik oder Videofilmen, Programme zur Gestaltung von Internetseiten, aber auch Programme um Maschinen zu steuern.

Terminal

Unter einem Terminal, oder auch Client ("Kleint") genannt, versteht man eine komplette Computerbedieneinheit, das mit anderen Computersystemen an einem Zentralcomputer, oder auch Server genannt, verbunden ist. Diese Terminals können an völlig verschiedenen Orten stehen, denn sie sind ja über das Internet miteinander verbunden. Der Server steht zentral an einer Stelle und wird von den sogenannten Administratoren verwaltet.

Beispiel Urlaubsplanung:

Wenn zum Beispiel zwei Menschen, in München und in Hamburg gleichzeitig ein einmaliges Urlaubangebot eines Reiseunternehmen buchen wollten, wird der den Zuschlag bekommen, dessen Reiseleiter als erster in die Tasten seines Terminals (Computertastatur) gedrückt hat und sperrt gegebenenfalls bei Kontingentüberschreitung so gleichzeitig den anderen Interessenten. Ohne Computer wäre das gar nicht mehr möglich. Früher musste dieses alles mühselig telefonisch ausgehandelt werden, und das ging sehr oft schief. Es wurden so nicht selten Doppelbuchungen von Hotelzimmern getätigt.

Administrator

Unter einen Administrator, manchmal auch nur „ADMIN" genannt, versteht man eine Person, der/die über alle Geheimnisse des Servers eingeweiht sind. Er/sie bestimmt, welcher User (Bediener) was auf den Clients machen dürfen. Sie können ja verstehen, dass dies nur ganz wenige vertrauenswürdige Personen sein können, damit kein größerer Unfug getrieben werden kann, und das könnten ganz wichtige Dinge sein. Administratoren sind Geheimnisträger. So verwalten sie Kundendaten, die niemand anderer wissen soll und darf. Ich bin auf meiner Arbeitsstelle auch ein Solcher.

Jetzt wissen sie schon, und da bin ich mir jedenfalls ganz sicher, dass sie Hardware und Software unterscheiden können und sind ja sozusagen jetzt schon kleine Profis. Na ja, das wäre ein wenig übertrieben, denn da gibt es sicherlich noch mehr drüber zu berichten, aber es soll ja nur den täglichen Alltag abdecken.

Jetzt noch einmal in kurzen Worten wiederholt:

Hardware ist eigentlich alles was man fühlen, sehen und ertasten kann.

Software läuft im Hintergrund und erledigt und rechnet für uns im Rechner alles aus.

Internet

 Damit man nicht einsam und allein an seinem Computer arbeiten muss, und weil man mit anderen Menschen gerne Kontakte knüpfen, oder E-Mail schreiben möchte, wurde das Internet für alle Menschen freigeschaltet.

Natürlich kann man auch noch andere Dinge im Internet machen. Eigentlich war es ursprünglich einmal für das amerikanische Militär erfunden worden, aber dann wurde es doch der allgemeinen Menschheit zur Verfügung gestellt. Das war ein Meilenstein in der Computergeschichte.

So kann man auf der ganzen Welt Verbindungen mit anderen Menschen aufnehmen, egal ob sie in Afrika, Amerika, hier in Europa, oder sonst wo auf der Welt wohnen.

Ohne Internet geht heutzutage gar nichts mehr und das macht schon wieder etwas Angst. Cyberkriminalität ist ja heute schon ein Begriff. Ganze Versorgungs- und Produktions- Werke ließen sich so lahmlegen. Darum ist es wichtig, sich vor externen Angriffen mittels Antiviersoftware und der nötigen Vorsicht zu schützen!

Provider

Das weltweite Internet ist eine Verbindung zwischen den Computern Zuhause und den Internetversorgern, den sogenannten Providern.

Die Provider („Proweider") regeln den gesamten Datenverkehr im Internet und verbinden die Computer untereinander. Dies geschieht entweder über die Telefonleitung, DSL-Leitung, Glasfaserkabel, oder über das Fernsehkabel. Der sogenannte LAN-Zugang.

Provider bieten den Kunden, also uns, einen Internetzugang mit unterschiedlichen Geschwindigkeiten an.

Es gilt wie immer, je schneller, umso teurer!

Meist werden auch noch kostenlose Email-Adresse, oder auch eine Cloud (zu Deutsch Wolke), manchmal aber auch kostenpflichtig angeboten. Das ist ein Speicherplatz auf Server-Festplatten des Providers, auf dem man seine Fotos, oder elektronischen Dokumente über das Internet ablegen kann. Aber hier sollte man wissen, dass diese Daten halt auf einen Fremdrechner liegen und man bei Unterbrechung des Internet keinen Zugang mehr darauf hat. Deshalb sollte man immer eine Kopie wichtiger Daten zuhause belassen, eventuell auf einer externen Festplatte oder USB-Stick sichern.

Browser

Der Browser („Brauser") ist die Bedienoberfläche für das Internet und wird in den Programmiersprachen wie html, php, Java oder einer anderen Syntax (Computersprach) geschrieben.

Die Internet-Befehlszeile innerhalb des Browser lautet „http://www.Domain.de". Domain steht für die eigentliche Internetadresse, die sie besuchen wollen.

Das *„http://www"* brauchen sie aber nicht mit eintippen, es sei denn, es handelt sich um eine sichere verschlüsselten Website, dann geben sie bitte das „http**s**:// mit ein!

Sonst einfach in der Browserbefehlszeile Domain.de oder eine anderer Länderkennung eintippen.

Router

Der Router („Ruter") steht bei ihnen Zuhause entweder im Keller, auf dem Schreibtisch oder auf einer
Kommode innerhalb der Wohnung und verbindet alle
Computergeräte im Haushalt mit- und untereinander,
um sie dann gemeinsam mit dem Internet zu verbinden. Dies geschieht über das LAN-Kabel im Ethernet-
Port (RJ45).

Innerhalb der Wohnung werden die Geräte meist mittels WLAN (drahtlose Funkverbindung) über den
Router mit dem Internet und untereinander verbunden. Damit keine fremden Menschen über ihren
WLAN-Anschluss ins Internet gehen können, wird der
Zugang durch Verschlüsselung und Passwortabfrage
geschützt.

Editor

Editoren im Sinne von Software verwandelt die für den Menschen lesbare Programmiersprache in einen Maschinencode um, den sogenannten Bits und Bytes (das sind Nullen und Einsen), die wiederum nur der Computer versteht.

„Word" von der Firma Microsoft ist zum Beispiel ein solcher Editor. Man schreibt ganz normal mit der Tastatur seinen Text, aber der Rechner übersetzt es mittels Editorprogramm in Maschinencode um.

Das gleiche gilt auch für Zeichnungs- und Malprogramme, Erstellungssoftware für Webseiten und vieles, vieles mehr.

Der Editor als Person nennt sich übersetzt Redakteur und ist für den Inhalt von Webseiten, Artikeln und anderen Publikationen verantwortlich.

Link

Es ist eine elektronische Verbindung (Verknüpfung) zu einer anderen Schnittstelle hin, meist zu anderen Internetseiten (Webseiten), es kann aber auch innerhalb der gleichen Webseite oder Dokumenten sein und so zu einer Textpassage verbinden. Man erkennt einen Link auch daran, dass er meist in einer anderen Farbe dargestellt wird und unterstrichen dargestellt ist.

Das ist aber nicht immer der Fall, es richtet sich danach, mit welchem Editor-Programm die Webseite geschrieben wurde und wie der Programmierer es eingestellt hat.

Hier ein paar Beispiele, wie ein Link funktioniert. Wenn sie im Internet sind, klicken sie einfach mit der linken Maustaste auf einen Link, dann macht sich ein neues Bildschirmfenster im Browser auf.

www.google.de
www.dinslaken-meine-stadt.de

Wenn sie das neue geöffnete Fenster wieder schließen möchten, einfach oben rechts auf das Kreuzchen klicken und sie sind raus aus dem Browserfenster.

Anker-Link:

Klicken sie z.B. auf einen Anker-Link werden sie auf einen zuvor gesetzten Anker (man sagt auch Sprungadresse) verlinkt. Das macht man vor allem auf sehr großen Webseiten oder PDF-Dokumentationen, so wie diese hier, damit man nicht mit der Maus mühselig hin und her herumscrollen muss. Scrollen bedeutet, mit dem Maus-Rad die Webseite hoch- oder runterschieben.

Wenn sie unterstrichene, meist farblich anders dargestellte Schrift in einem Dokument sehen, handelt es sich um einen Anker-Link. Fährt man mit der Maus darüber, entfaltet sich ein Handfinger über den Schriftzug!

Was ist eine Website?

Website („Webseit"), zu Deutsch Webseite, ist eine Internetpräsenz eines Anbieters und wird auch Domain genannt. Meist werden sie geschäftlich genutzt, um eine Ware oder diverse Dienstleistungen anzubieten.

Natürlich kann man auch privat im Internet auftreten, um seinen Freunden von sich zu erzählen. Aber auch hier gilt, wenn schon öffentlich im Internet auftreten, dann geben Sie nicht zu viele Persönliche Daten bekannt. Denken sie immer daran, dass jeder der von ihrer Website erfährt, auch alles für sich nutzen kann.

Fälschlicherweise wird immer wieder von einer Homepage („Hompäitsch"), zu Deutsch Heimseite gesprochen.

Eine Website umschreibt immer den gesamten Internetauftritt, eine Homepage beschreibt immer die erste Start- oder Heimseite der gesamten Website!

Was ist eine Frame?

Unter einer Frame („Fräim"), zu Deutsch Rahmen, versteht man eine Aufteilung der Webseitenoberfläche unterteilt in feste Abschnitte, die mit Informationen gefüllt werden. Somit ist das Gesamtbild auf allen Unterseiten immer gleich aufgeteilt. Oben im Kopf wäre immer die Überschrift oder das LOGO einer Firma zu sehen, während sich in der Frame-Mitte verschiedene Daten oder Bilder von Seite zu Seite verändern könnten. Links wäre dann die Navigation (Menü), um zu Blättern.

Beispiele: Frame- Unterteilungen

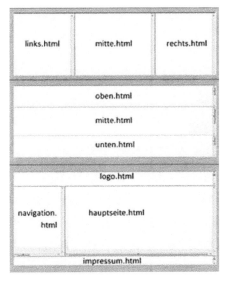

Diese Website, und alle Unterseiten sind in drei Haupt-Felder unterteilt.

Oben - Mitte - Unten

Diese wiederrum in weitere Felder. Der Vorteil ist, dass man auf allen Seiten immer die gleiche Aufteilung vorfindet, jedoch werden sie alle mit anderen Informationen gefüllt. So wird ein einheitliches Erscheinungsbild bewahrt.

Ganz unten ist das Impressum zu finden. Was das ist erzähle ich gleich.

was ist eine iFrame?

Unter einer iFrame („Eifräim") versteht man eine Rahmensetzung innerhalb der eigenen Webseite, in der eine fremde Webseite angezeigt wird.

So geschehen auch auf meiner Internetpräsentation von www.my-KidsBits.de . Im oberen Teil ist der Originalkopf von „my KidsBits" zu sehen, im mittleren Teil habe ich die Internetpräsentation von der Domain www.Internet-abc.de eingeblendet.

Was ist ein Impressum?

Im Impressum muss der Anbieter einer geschäftlichen Website einige Daten von sich preisgeben. Das hat den Grund, dass man weiß, mit wem man es zu tun hat. Das ist zum Beispiel wichtig, wenn man online über das Internet etwas bestellen möchte. Erst einmal schauen, wer der Anbieter ist. Wenn man unsicher ist, kann man sich auch unter dem Google-Suchfenster Informationen einholen.

Vorsicht ist bei ausländischen Adressen geboten, weil dort immer andere Gesetze gelten. Sollten nur Handy-Nummern anstelle von Festnetztelefonnummern erscheinen, ist ebenfalls Vorsicht geboten, weil man niemals weiß, wo sich der Firmeninhaber befindet.

Typisches Impressum:

Firmenname
Name, Nachname
Adresse
PLZ / Ort
Telefon
E-Mail-Adresse
Steuernummer

Für eine private Website ist das noch nicht Vorschrift!

Soziale Netzwerke:

Ich nenne sie jetzt absichtlich nicht beim Namen, weil es so viele Anbieter gibt, aber sie wissen bestimmt schon welche ich meine, oder? Es ist immer schön, mit seinen Freunden im Internet zu kommunizieren.

Man tauscht die letzten Nachrichten aus, gibt Fotos der vergangenen Feierlichkeit oder Party zur Schau und gibt manchmal leider auch zur Belustigung anderer Personen, anstößige Fotos an Freunden weiter.

Das sollten sie aber auf gar keinen Fall tun. Und warum nicht? Das erkläre ich ihnen jetzt. Es gibt einen Spruch, der lautet:

„Im Leben bekommt man nichts geschenkt".

„*Unsinn*" denken sie jetzt, „*ist doch alles umsonst*"!

<u>Falsch</u>, das Eintreten in die Fan-Gemeinschaft mag zwar auf den ersten Blick kostenlos sein, aber die Herren, die das im Internet zur Verfügung gestellt ha-

ben, machen sich ja nicht all die Arbeit für die Katz! Sie müssen einfach wissen, dass von jeder Person die sich registrieren lässt, ein Benutzerprofil erstellt wird.

Benutzerprofil

Was ist das? Von jeder Person, die privates oder geschäftliches im Internet postet (einstellt) kann man nach einiger Zeit genau feststellen, was er/sie mag, was er/sie alles so treibt, wo er/sie gerne hingeht, und mit wem er/sie sich trifft.

„Na und", denken sie jetzt, *„ist doch alles nicht so schlimm"!*

Wie schlimm das ist werden sie dann daran merken, wie voll ihre E-Mail-Postfächer plötzlich mit Reklame gefüllt sein wird und die Bildschirme voller Popup-Fenster (Reklame) mit einer gezielten Werbung erscheint.

Sie werden nur so mit Werbung überhäuft, die gezielt auf ihre Internettätigkeiten basieren. Es lassen sich so noch viel mehr unangenehme Dinge mit ihren Daten bewerkstelligen, sie bekommen von alledem leider nichts mit.

Die Communitys finanzieren sich ausschließlich mit Werbeeinnahmen derer Händler, die etwas verkaufen möchten. Es gibt aber auch „böse Buben", die ihren Spaß daran haben, wenn andere ihren Computer nicht mehr bedienen können, indem sich Computerviren durch ihren Link-Klick in der E-Mail auf ihren Rechner entfalten. Noch schlimmer, ihr Rechner wird über Virenbefall verschlüsselt und ist nicht mehr bedienbar geworden. Erst nach Zahlung eines Betrages soll er wieder entschlüsselt werden. Was dann auch nicht garantiert ist! Garantiert ist aber, dass ihr Geld bei dem Erpresser sein wird.

Das gleiche gilt auch für das Posten mit dem Smartphone, oder wenn sie unsinnige kostenlose APPs (Applikationen) herunterladen, in denen sich Spionageprogramme befinden, die Benutzerprofile von ihnen erstellen! Zu viele und unsinnige Apps machen ihr Smartphone auch noch zur lahmen Ente. Und was ist mit ihren Fotos, die sie schon ins Netz gestellt haben?

Dazu müssen sie wissen, dass in einer offenen Community (Kommunikationsplattform) jeder Zugriff auf ihre Fotos hat. Rechter Mausklick und dann gespeichert, schon hat man das Foto.

„Na und, was kann einer schon mit meinem Foto anfangen", sagen sie vielleicht jetzt?

Stellen sie sich einmal vor, jemand hat keinen Lust auf sie, möchte sie verletzend im Internet zur Schau stellen und erstellt sich anonym ein Account (Zugang). Jetzt klaut er/sie ihr Foto, schreib unsinniges Zeug über sie daher, postet ihr Foto dazu und sie sind in der ganzen Gemeinde oder in ihrer der Arbeitsstelle blamiert. Das ist alles schon passiert. Jetzt möchte ich ihnen nicht alles vermiesen, aber sie sollten schon wissen, dass einmal ins Internet gestellte Fotos so gut wie nicht mehr zu entfernen sind. Sie werden auf immer und ewig im Internet verbleiben, auch wenn sie meinen, sie gelöscht zu haben.

Das Internet vergisst nichts!

Eines möchte ich ihnen aber noch mit auf den Weg geben!

Wenn sie schon in soziale Netzwerke eintreten möchtet, oder sie dort schon angemeldet sind, halten Sie sich bitte an Anstand und Sitte.

Überlegen sie genau, was sie da so alles hineinposten. Vergessen sie bitte nicht das Häkchen zu setzten, dass ihre Seite auf *„nur Privat"* stellt, damit nicht „alle Welt" sieht gerade, was sie so im Internet mit ihren Freunden machen oder gemacht haben. Machen sie sich nicht über andere Personen lustig, denn schon morgen könnten sie nicht der Täter, sondern auch das Opfer sein!

Adresse, Geburtstag, Telefonnummer geht keinem etwas an. Ihre Freunde kennen die Daten eher schon aus persönlichen Gesprächen mit ihnen. Suchen sie sich einen schönen Nick-Namen aus, dann weiß kein Fremder, wer sie sind!

Also, keine privaten Daten ins Internet!

Leitfaden für den Umgang untereinander in den Soziale Medien

Soziale Medien sind toll, um sich auszutauschen, Bilder zu teilen, seine Meinung zu sagen. Doch sie stellen uns auch vor Herausforderungen, denn das Internet vergisst nie. Einmal Gesagtes, ein hochgeladenes Foto bleibt lange öffentlich und wird vielleicht sogar noch geteilt. Deswegen hier ein paar Hinweise, wie Sie sich sicher in den sozialen Medien bewegen:

Veröffentlichen Sie keine vertraulichen Informationen

Überlegen Sie genau, was Sie wirklich veröffentlichen wollen. Schützen Sie sich, indem Sie keine persönlichen, vertraulichen Informationen offenlegen.

Zeigen Sie Respekt

Sie haben ein Recht darauf, zu sagen, was Sie denken. Wichtig ist aber, genauso höflich, freundlich und respektvoll zu bleiben, als würden die Diskussionspartner vor Ihnen sitzen.

Machen Sie Ihre Beiträge als persönliche Meinung kenntlich

Achten Sie immer darauf, dass Sie Ihre Beiträge als persönliche Meinung kenntlich machen. Nutzen Sie am besten die Ich-Form. Auf diese Weise stellen Sie sicher, dass Sie für sich selbst sprechen.

Bleiben Sie gelassen

Selbst wenn eine Diskussion einmal aus dem Ruder läuft oder Sie Kritik als unangemessen empfinden, sollten Sie es vermeiden, im Eifer des Gefechts empört oder sogar wütend zu reagieren. Lassen Sie sich nicht in eine Diskussion verwickeln, die Sie schaden kann.

Korrigieren Sie Ihre Fehler

Sollte Ihnen einmal ein Fehler unterlaufen, dann scheuen Sie sich nicht davor, ihn zuzugeben. Beachten Sie aber, dass das einfache Löschen von Einträgen in sozialen Medien von anderen Nutzern oftmals negativ beurteilt wird. Besser ist es, wenn Sie sich freundlich entschuldigen und Inhalte, die falsch oder missverständlich waren, mit einem weiteren Eintrag richtigstellen.

Verhaltensregeln beachten!

Chatten, Chatroom

Unter Chatten („Schetten") versteht man die Kommunikationsmöglichkeit zwischen zwei oder mehreren Usern (Teilnehmer) im Internet.

Es gibt offene Chatrooms („Schettrums") auf Deutsch Chaträume, in denen sich mehrere User gleichzeitig schreiben können, oder geschlossene Chaträume, in denen sich meist nur zwei Teilnehmer aufhalten, weil es dann intimer (privater) zugehen kann.

Wenn man einen Chatraum betritt, weiß man meist nie mit wem man es zu tun hat, da alles anonym und im Verborgenen mittels „Nick-Name" (einen ausgedachten Namen) geschieht. Sie sehen ihr Gegenüber meist nicht und wissen auch nicht, ob es wirklich der Mensch ist, für den er/sie sich ausgibt. Es sei denn, sie haben ihre Web-Cam (Kamera) aktiviert. Da sieht man sein Gegenüber, aber man weiß immer noch nicht, ob er/sie die Wahrheit über sich sagt.

Auf jeden Fall sollte man nie seinen richtigen Namen angeben, sondern z.B. *„Zwiggi1", „Micki Maus"* oder wie auch immer sie heißen möchten, aussuchen.

Geben sie auch nicht ihre Telefonnummer oder Adresse fremden Menschen preis, sonst könnten sie und ihre Familie im Nachhinein noch unangenehm belästigt werden!

Bitte nur Nick-Name angeben!

E-Mail @

"elektronisches, oder digitales Postfach"

Liebe(r) User, sicherlich haben sie schon ein E-Mail-Postfach und schreiben an ihre Freunde die Tageserlebnisse, oder verabreden sich für den nächsten Tag mit ihnen. Vielleicht möchten sie auch nur die neuesten Fotos verschicken.

Was, sie haben noch keines?

Dann gebe ich ihnen auf jeden Fall mal einige Tipps mit auf dem Weg, so oder so! Zunächst möchte ich ihnen sagen, egal wo sie es eröffnet haben oder noch vor haben es zu tun, seien sie vorsichtig damit, wem sie ihr E-Mail-Adresse geben.

Bei leider allzu vielen Internetanbietern wird immer wieder nach ihrem E-Mail-Postfach gefragt, obwohl man sich eigentlich gar nicht registrieren möchte. Das sollten sie dann auch nicht angeben, auch auf die Gefahr hin, dass sie nun nicht den erwünschten Erfolg auf ihr Vorhaben haben. Zur Not fragen sie lieber vorher ihre Freunde oder eine andere Person ihres Vertrauens.

Grund und Zweck ist meistens nichts anderes, als sie mit Werbung voll zumüllen. Das wäre jetzt aber noch das kleinere Übel. Viel schlimmer ist, dass sie innerhalb solcher E-Mails aufgefordert werden, einen Anhang unbekannter Art zu öffnen oder eine unbekannte Adresse (Link) anzuklicken. Das könnten versteckte Knebel-Verträge sein, für die sie dann zahlungspflichtig gemacht werden könntet. Es könnten aber auch versteckte Computerviren sein, die ihren Rechner nur lahmlegen oder ausspionieren möchten.

Geben sie nie ihre Zugangsdaten auf Anfrage irgendwelcher Personen an. Passwörter sowieso niemals an andere Personen weitergeben, auch wenn sie vehement, danach gefragt werden!

Falsche E-Mail erkennt man u.a. auch daran, dass man nicht persönlich mit Namen angesprochen wird, z.B.: „Sehr geehrte(r) mustermann@xyz.de", oder ähnlich. Oftmals sieht man kyrillische Schriftzeichen mitten im Satz oder es wird ein gebrochenes schlecht von Maschinen übersetztes Deutsch geschrieben.

Oftmals wird man penetrant aufgefordert, einen Klick auf einen Link zu machen, um etwas auszulösen. Seien sie sicher, sie lösen etwas aus, aber nicht das, was sie sich wünschen.

Tipp zwei:

Legen sie sich immer zwei getrennte E-Mail-Postfächer gleichzeitig an, eines nur für die besten Freunde und nur für die, und eines für das alltägliche Onlinegeschäft. Wenn sie einmal merken sollten, dass der Werbemüll in ihrem zweiten E-Mail- Postfach zu groß werden sollte, einfach das Postfach wieder aufgeben und ein neues aufmachen. Ihre Freunde können sie in diesem Fall aber immer noch über das vertrauenswürdigere erste E-Mail-Postfach erreichen.

E-Mail-Anhang:

Das sind kleinere Programme, Schriftstücke oder Fotos, die mit einer E-Mail einfach mitgeschickt werden. Diese Anhänge sollte der Empfänger aber nur dann öffnen, wenn der Absender echt bekannt ist.

Bei fremden E-Mails lieber die Finger davon lassen!

Weitere wichtige User-Infos!

Das Posten (einstellen) fremder Fotos, oder Fotos von anderen Personen, die sie vorher nicht schriftlich um Erlaubnis gefragt haben, ist gesetzeswidrig und wird von unserem Gesetzgeber unter Umständen unter empfindlicher Strafe gestellt!

Nicht selten wird man auch bestraft, wenn man geklaute Fotos aus dem Internet in seine Webseite einbaut. Strafe kann es auch für Fotos geben, die ungefragt von anderen Personen kopiert und gepostet wurden und die sie dann auf Facebook und Co. teilen.

Woher wollen sie denn wissen, ob diese kopierten Fotos nicht auch schon vorher geklaut und dann ins Internet gestellt wurden? In diesem Augenblick sind sie der Verteiler dieser unerlaubten Fotos.

Seien sie einfach mit dem Klick auf **Teilen** vorsichtig, dann gehen sie kein unnötiges Risiko ein!

Wichtige Eltern und Senioren-Infos

Leider posten viele stolze und ehrgeizige Eltern oder Groß-Eltern Fotos ihrer Kinder oder Enkelkinder in die Communitys. Das ist zwar noch nicht verboten, aber auch nicht richtig, weil diese Kinder meist nicht gefragt wurden, sich aber auch nicht ernsthaft dagegen wehren können.

Andere böse Menschen, und davon gibt es viele, könnten diese Kinderfotos dann für Dinge benutzen, die strafbar wären und das können verantwortungsbewusste Eltern oder Großeltern nicht wirklich wollen, oder sie machen sich aus falschem Stolz oder Unwissenheit darüber einfach keine Gedanken.

Nicht selten werden Eltern oder Großeltern in späteren Jahren von ihren mittlerweile erwachsenen Kindern angezeigt, weil sie eben Fotos aus deren Kinderzeit von ihnen in den „Sozialen Netzwerken" unverblümt verbreitet haben. Das ist schon sehr familienfeindlich.

Besuchen sie mich unter folgende Domains

Internet:

http://lothar-herbst.de
http://nurklicken.de
http://my-kidsbits.de
http://my-kidsworld.de

http://Dinslaken-meine-Stadt.de
http://wesel.nurklicken.de
http://staedtepartnerschaften-dinslaken-ev.de

Facebook:

https://www.facebook.com/Staedtepartner.Dinslaken
https://www.facebook.com/DinslakenMeineStadt
https://www.facebook.com/Staedtepartnerschaftsverein.Dinslaken

Twitter:

https://twitter.com/DinslakenInfo

Stand: März 2018

lothar herbst

Start   webdesign-herbst   Dinslaken meine Stadt   Wesel am Niederrhein   my KindBin   my KidsWorld   Städtepartnerschaft   nur klicken   weiter

1 2 3 4 5 6 7 8

Webdesigner, Fotograf, Autor

Für die einen oder anderen

gemeinnützigen und humanitären

Zwecke habe ich mich bereits

schon mehrfach ehrenamtlich

eingebracht. Besonders gilt dies

für meine Heimatstadt Dinslaken.

Lothar Herbst by © webdesign-herbst.de 1998 bis heute   Impressum   Update from: 16.01.2018

the best by lothar herbst

Lothar Herbst

Morgen kann ich auch „Computer"

Endlich gibt es den erfolgreichen Computer- und Internetkurs
„Kids & Bits"

jetzt auch für Senioren und Späteinsteiger!

IHRE ISBN LAUTET 9783746077574

9 783746 077574

www.ingramcontent.com/pod-product-com⊐liance
Lightning Source LLC
LaVergne TN
LVHW080119070326
832902LV00015B/2670